L'ALPHABET

Illustrated by Roger Paré

PASSPORT BOOKS
a division of NTC/Contemporary Publishing Company
Lincolnwood, Illinois USA

ISBN: 0-8442-1395-0

Published by Passport Books,
a division of NTC/Contemporary Publishing Company,
4255 West Touhy Avenue,
Lincolnwood (Chicago), Illinois 60646-1975 U.S.A.
Originally published by Les éditions de la courte échelle, Montreal, Canada.
© 1985 by Roger Paré and Les éditions de la courte échelle.
All rights reserved. No part of this book may be reproduced,
stored in a retrieval system, or transmitted in any form or by any means,
electronic, mechanical, photocopying, recording, or otherwise,
without prior permission of the publisher.
Printed in Hong Kong

00 01 02 03 04 WKT 12 11 10 9 8 7

Contents

Dear Children   5

To Parents and Teachers   5

L'alphabet/The Alphabet   8

How to say the names of letters in French...   31

What the French sentences mean...   32

How to say French sounds...   33

What the French words mean...   35

Dear Children,

This book is written especially for you. It will help you learn to say the whole alphabet in French, to know the meanings of some French words, and to learn to say those words right. There is a funny French sentence for each letter and pictures that are sure to make you laugh. The pictures *show* you what the French sentences mean, but if you're still not sure, you can look at the back of the book for the meaning in English.

We hope you have a lot of fun learning the letters *and* your first words in French. *Bonne chance!* ("Good luck!")

To Parents and Teachers:

L'Alphabet is a fun-filled way to help children make their first contact with the French language. Whimsical, alliterative sentences, accompanied by full-color illustrations, introduce each letter of the alphabet. The fantasy and humor of both the sentences and drawings make the child's initial impression of the French language a pleasant, playful one.

At the back of the book, the child can learn the names of all the letters in the French alphabet, the meaning of the French sentences in English, and how to say French sounds correctly. Finally, a Vocabulary at the back of the book gives the English meaning of each French word used in the book.

L'Alphabet is sure to help children find French and foreign languages in general an exciting, enjoyable experience.

L'ALPHABET

Aa

Un **acrobate** sur un **avion** jongle
avec des **abricots**.

Bb

Un **boa** fait des **bulles**
dans son **bain**.

Cc

Un **chat** dans un **canot** promène
son **canari.**

Dd

Un **dinosaure danse** avec
un **dauphin**.

Ee

Un **éléphant** transporte un **émir** en **Égypte**.

Ff

Un **faon** mange un **fruit**
dans la **forêt**.

G g

Une **girafe** joue **gaiement** au **golf**.

Hh

Un **hamster** joue de l'**harmonica**
et de la **harpe**.

Ii

Un **insecte inspecte** son **île**.

Jj

Un **jaguar** boit un **jus** dans
la **jungle**.

Kk

Un **kangourou** fait du **karaté**
en **kimono**.

Ll

Un **lion** se **lèche** les babines près d'un **lac**.

Mm

Un **monstre** lit un **magazine**
sur sa **moto**.

Nn

Une **Norvégienne** mange
des **nouilles** à **Naples**.

Oo

Oscar chante l'**opéra** et vend des **oranges**.

Pp

Un **porc** joue du **piano**
dans un **parc**.

Qq

Qui a volé les **quatre quenouilles** de la reine?

Rr

Un **rat** écoute la **radio** en mangeant du **riz**.

S s

Un **sculpteur** prend un bain de **soleil** sur le **sable**.

Tt

Tarzan s'amuse à **taquiner** un **tigre**.

Uu

Cet **uniforme unique** est-il **utile**?

V v W w

Un **vagabond** joue du **violon**
sur un **wagon**.

X x Y y Z z

Un **zèbre** joue du **xylophone** avant de manger du **yogourt**.

How to say the names of letters in French...

Letter	How you say the letter name
Aa	*ah*
Bb	*bay*
Cc	*say*
Dd	*day*
Ee	Something like *er,* but don't say the *r* sound at the end
Ff	*ef*
Gg	*zhay*
Hh	*ahsh*
Ii	*ee*
Jj	*zhee*
Kk	*kah*
Ll	*el*
Mm	*em*
Nn	*en*
Oo	*oh*
Pp	*pay*
Qq	Something like *koo,* but push your lips much farther out
Rr	*air*
Ss	*ess*
Tt	*tay*
Uu	Something like *oo,* but push your lips much farther out
Vv	*vay*
Ww	*doobluh vay*
Xx	*eeks*
Yy	*ee grek*
Zz	*zed*

What the French sentences mean . . .

Aa	An acrobat on an airplane juggles apricots.
Bb	A boa constrictor blows bubbles in his bathtub.
Cc	A cat takes his canary out in a canoe.
Dd	A dinosaur dances with a dolphin.
Ee	An elephant takes an emir to Egypt.
Ff	A fawn eats fruit in the forest.
Gg	A giraffe gleefully plays golf.
Hh	A hamster plays the harmonica and the harp.
Ii	An insect inspects his island.
Jj	A jaguar drinks juice in the jungle.
Kk	A kangaroo does karate in a kimono.
Ll	A lion licks his lips near a lake.
Mm	A monster reads a magazine on his motorcycle.
Nn	A Norwegian woman eats noodles in Naples.
Oo	Oscar sings opera and sells oranges.
Pp	A pig plays piano in a park.
Qq	Who has stolen the queen's four cattails?
Rr	A rat listens to the radio while eating rice.
Ss	A sculptor takes a sun bath on the sand.
Tt	Tarzan has fun teasing a tiger.
Uu	Is this unique uniform useful?
Vv Ww	A vagabond plays violin on a train car.
Xx Yy Zz	A zebra plays the xylophone before eating yogurt.

How to say French sounds...

In French, many letters are said in a different way from English. The best way to learn to say French sounds is to listen to French-speaking people and copy what they say. But here are some rules to help you.

Below is a list of letters, with a guide to show you how to say each one. For each French sound, there is an English word (or part of a word) that sounds like it. Read it out loud to find out how to say the French sound. Then, practice saying the examples for each sound.

a Often like the "a" sound in "cart": **acrobate, chat, harpe, girafe.**

e Like the "a" sound in "above": **le, monstre, quatre, sable.**

e at the end of words An "e" at the end of a word is usually silent: **inspecte, girafe, Égypte, s'amuse.** Except for words that end in a consonant + *re* or a consonant + *le.* Then, the "e" has the "a" sound in "above": **monstre, quatre, sable, jongle.**

é Like the "ay" sound in "late": **opéra, éléphant, volé, écoute.**

è Like the "a" sound in "care": **lèche, promène, zèbre.**

ê Like the "e" sound in "get": **forêt, prêt** ("ready").

i, y Like the "i" in "machine": **lion, babines, utile, Égypte.**

o Like the "o" in "holiday": **canot, dinosaure, harmonica, kimono.**

u Round your lips as if you were going to say "oo," then try to say "ee": **du, bulles, jus, s'amuse.**

eau, au Like the "oa" sound in "toast": **château** ("castle"), **dauphin, au, dinosaure.**

eu Like the "u" sound in "fur": **sculpteur, bleu** ("blue")

ou Like the "oo" sound in "food": **joue, kangourou, nouilles, écoute.**

oi Like the "wa" sound in "what": **boit, toit** ("roof").

33

on, an	Like "ong" without the "g" sound at the end: **d<u>an</u>s, avi<u>on</u>, m<u>an</u>ge, m<u>on</u>stre.**
un	Like the "u" sound in "sun." You do not say the "n": **<u>un</u>, j<u>un</u>gle.**
in, ain, im	Like the "an" sound in "rang" without the "g" at the end: **<u>in</u>secte, b<u>ain</u>, <u>in</u>specte, <u>im</u>possible.**
c	Before "i" or "e," it sounds like the "s" in "sun": **<u>c</u>et, mer<u>c</u>i** ("thank you"), **Fran<u>c</u>e.**
	Before other letters, it sounds like the "c" in "cat": **<u>c</u>anot, Os<u>c</u>ar, a<u>c</u>robate, abri<u>c</u>ot.**
ch	Like the "sh" sound in "shirt": **<u>ch</u>at, <u>ch</u>ante, lè<u>ch</u>e.**
g	Before "i" or "e," it sounds like the "s" sound in "measure": **<u>g</u>irafe, man<u>g</u>e, oran<u>g</u>e, É<u>g</u>ypte.**
	Before other letters, it is like the "g" in "get": **<u>g</u>aiement, <u>g</u>olf, jon<u>g</u>le.**
j	Like the "s" sound in "measure": **<u>j</u>ongle, <u>j</u>oue, <u>j</u>us, <u>j</u>aguar.**
qu	Like the "k" sound in "kite": **uni<u>qu</u>e, <u>qu</u>atre, <u>qu</u>enouille, <u>qu</u>i.**
h	This letter is silent: **h̶arpe, h̶armonica, h̶amster.**
w	Like the "v" sound in "vacation": **<u>w</u>agon.**

A consonant at the end of a French word is usually silent: **vagabon̶d̶, cha̶t̶, cano̶t̶.**

What the French words mean . . .

à in; at

a volé has stolen

abricots apricots

acrobate acrobat

au at

avant (de) before

avec with

avion airplane

babines lips

bain bathtub

bain de soleil sunbath

boa boa constrictor

boit drinks

bulles bubbles

canari canary

canot canoe

cet this

chante sings

chat cat

dans in

danse dances

dauphin dolphin

de of

des some

dinosaure dinosaur

du some

écoute listens to

Égypte Egypt

éléphant elephant

émir emir

en in; to

en mangeant while eating

est-il is it

et and

fait makes; does

fait des bulles blows bubbles

fait du karaté does karate

faon fawn

forêt forest

fruit fruit

gaiement happily, gleefully

girafe giraffe

golf golf

hamster hamster

harmonica harmonica

harpe harp

île island

insecte insect

inspecte inspects

jaguar jaguar

jongle juggles

joue plays
joue au plays *(a sport)*
joue du/de la/de l' plays *(a musical instrument)*
jungle jungle
jus juice

kangourou kangaroo
karaté karate
kimono kimono

la the
lac lake
le the
lèche licks
les the
lion lion
lit reads

magazine magazine
mange eats
mangeant eating
manger to eat
monstre monster
moto motorcycle

Naples Naples
Norvégienne Norwegian woman
nouilles noodles

opéra opera
oranges oranges
Oscar Oscar

parc park
piano piano
porc pig
prend takes
près d' near
promène takes out

quatre four
quenouilles cattails
qui who

radio radio
rat rat
reine queen
riz rice

sa his/her
sable sand
s'amuse à plays (at), has fun (at)
sculpteur sculptor
se lèche licks
soleil sun
son his/her
sur on

taquiner to tease
Tarzan Tarzan
tigre tiger
transporte transports

un a
une a
uniforme uniform
unique unique
utile useful

vagabond vagabond
vend sells
violon violin
volé stolen

wagon train car

xylophone xylophone

yogourt yogurt

zèbre zebra